Inhalt

Gruppenarbeit in der Kritik

Kernthesen

Beitrag

Fallbeispiele

Weiterführende Literatur

Impressum

GENIOS WirtschaftsWissen Nr. 05/2002 vom 22.05.2002

Gruppenarbeit in der Kritik

I.Zeilhofer-Ficker

Kernthesen

- Gruppenarbeit ist in der letzten Zeit aus unterschiedlichen Gründen in Verruf geraten, obwohl sie vor allem in der Automobilbranche mit großem Erfolg praktiziert wird.
- Grundlagen für erfolgreiche Gruppenarbeit sind umfassende Information und Kommunikation, Autonomie und Verantwortung für die Teams sowie - am wichtigsten - Vertrauen.
- Oft geht die Implementierung von Teamwork einher mit der Einführung oder Erweiterung eines betrieblichen Verbesserungsvorschlagswesens.

Beitrag

Die IG-Metall forderte in den diesjährigen Tarifverhandlungen 6,5 % mehr Lohn und gleichzeitig eine Aufhebung der Differenzierung von Arbeitern und Angestellten im Entlohnungssystem. Eine der Begründungen dafür ist die mittlerweile weit verbreitete Gruppenarbeit, vor allem in der Auto- und Autozulieferindustrie, die eine ungleiche Bezahlung wegen der damit verbundenen höheren Anforderungen an die Arbeiter nicht mehr rechtfertige. (1)

Aber Gruppenarbeit ist auch sonst zum Gegenstand von Diskussionen geworden. Obwohl von Unternehmensberatern und Personalern gerne als einzig selig machende Lösung für alles propagiert, wird sie kaum erfolgreich umgesetzt. Nur 4 % aller Unternehmen praktizieren wirkliches Teamwork. (2) Selbst Managementberater die ein halbes Jahrhundert lang von flachen Hierarchien und autonomen Arbeitsgruppen predigten, behaupten heute, dass Teams mehr Schaden anrichten, als sie Nutzen bringen. (3)

Fast jeder ist mittlerweile davon überzeugt, dass die Arbeit in Teams wirtschaftlichen Nutzen bringt. Aber Teamleistung wird in der Praxis oft nicht honoriert.

Neun von zehn Unternehmen sagen, dass sie in Leistungsbeurteilungen bewerten, was der Einzelne geleistet hat, nicht das Ergebnis der Gruppe. Topmanager werden nach Einzelleistung bezahlt, Karriere macht jeder für sich allein. (2)

Wenn man Team hört, denkt man in erster Linie an Zusammenarbeit und Kooperation. Das allein reicht aber bei weitem nicht zum Teamwork: ein Team sollte eine eigenverantwortlich handelnde, autonom arbeitende, durch ein gemeinsames Ziel gelenkte Gruppe sein, die sich zur Erreichung ihrer Ziele zusammenfindet. (3)

Voraussetzungen für eine erfolgreiche Teamarbeit

1. Umfassende Information und klare Kommunikation

Eine der wichtigsten Voraussetzungen für erfolgreiche Gruppenarbeit ist eine umfassende und klare Informationsweitergabe. Ziele müssen klar definiert, Kompetenzen festgelegt, Verantwortungen zugeteilt werden. Das Kernproblem bei der Einführung neuer Organisationsformen ist oftmals das Überwinden von abwartenden, skeptischen, indifferenten bis zu ablehnenden oder abwehrenden Attitüden und Einstellungen. Die Implementationskosten sind oftmals immens, weil den hohen "Widerstandskosten" von Seiten der Mitarbeiter aber auch aus den Führungsetagen Rechnung getragen werden muss. Am besten überwindet man diese Widerstände durch umfassende, wiederholte, klare Information und die Möglichkeit für alle Beteiligten, zu jeder Zeit jegliche Fragen stellen zu können und darauf klare und richtige Antworten zu bekommen. (3), (4), (5), (6)

Die Art und Weise der Implementation ist ausschlaggebend für die Akzeptanz und auch den Erfolg von Gruppenarbeit. Eine aktive Beteiligung des Betriebsrates im Implementationsprozess als Mitgestalter aber auch als Kommunikator zwischen Mitarbeitern und Geschäftsleitung wirkt sich positiv auf die autonome Entwicklung der Gruppen aus, was als Erfolgsfaktor für Gruppenarbeit gewertet wird. (6)

In einer Umfrage beklagten sich 84 % der Befragten darüber, dass sie von ihren Teamleitern keine klare Aufgabenstellung erhalten würden. Es muss also festgelegt und klar kommuniziert werden, wo Kompetenzen innerhalb und außerhalb des Teams verteilt sind, aber auch was die Unternehmensziele insgesamt und der ganz spezielle Beitrag der Gruppe dazu sind.

Der Anspruch an die Führungskräfte in einem Umfeld mit Teamwork ist weitaus höher als in der traditionellen, hierarchischen Organisation. Führungskräfte weisen im Hinblick auf die für die Gruppenarbeit geforderten sozialen und kommunikativen Fähigkeiten oft große Defizite auf. (3), (8)

2. Autonomie, Verantwortung, Kompetenzen

Die Rahmenbedingungen für das Team müssen also festgestellt werden und bekannt sein. Damit die Gruppe aber erfolgreich arbeiten kann, muss sie innerhalb dieser Rahmenbedingungen absolut autonom agieren können und für ihr Tun die volle Verantwortung übernehmen. Absolut hinderlich ist oft der Versuch von Führungskräften, zwar die Verantwortung an ein Team zu delegieren, sich aber häufig in die Arbeit der Teams einmischen und ihm ihre Meinung und Arbeitsweise "aufdrücken" zu wollen. (3)

Die Rollenverteilung im Team muss von innen in einem demokratischen Prozess erfolgen, Entscheidungen über Vorgehensweisen muss die Gruppe fällen, Probleme innerhalb der Gruppe werden in der Gruppe gelöst. (7)

Als hilfreich hat es sich herausgestellt, wenn die Kommunikation nach außen, also entweder zu anderen Teams oder Stellen, nicht hierarchisch erfolgen muss, sondern direkt mit der entsprechenden Stelle passieren kann. Die dadurch entstehenden Kommunikationsnetzwerke dienen nicht nur der schnelleren Information und dadurch der schnelleren Problemlösung, sondern fördern auch das Verständnis für die Aufgaben und Probleme anderer im Unternehmen, was den "Blick über den Tellerrand hinaus" ermöglicht. (5), (7)

3. Vertrauen

Das wichtigste Mittel zum Erfolg einer Gruppe ist Vertrauen. Dabei kann man Vertrauen als Handwerksbegriff verstehen: es bedeutet, dass man mit Leuten zusammenarbeitet, die in ihrem Fach genauso gut sind, wie man selbst im eigenen, man kann sich auf sie verlassen. Sehr klar sichtbar ist das in Teams, die auf höchstem Niveau kooperieren müssen: OP-Teams zum Beispiel oder die Mannschaft im Flugzeug-Cockpit. Vertrauen ist hier die absolute Basis der Zusammenarbeit, da nicht einer alle anfallenden Arbeiten selbst erledigen kann. (3), (7)

Risiko Teamwork?

In Unternehmen mit einer ausgeprägten hierarchischen Organisationsform hat Gruppenarbeit kaum eine Chance. Das Unternehmen müsste sich wirklich zu einem Kulturwandel entschließen, wenn das Team-Konzept Erfolg haben soll. (3), (6)

Für Manager, die alles selbst am besten können und jede Entscheidung selbst treffen wollen, ist Gruppenarbeit nicht das geeignete Mittel. Auch das gegenteilige Führungsverhalten lässt Gruppen scheitern: wenn Aufgaben, Ziele und Rahmenbedingungen nicht klar sind, wird leicht am gewünschten Ziel vorbei gearbeitet. Auch wer nicht bereit ist jegliche Informationen an seine Mitarbeiter weiterzugeben, wird mit der Gruppenarbeit keine Freude haben. Wer seine "Macht" dadurch beweist, dass er immer noch ein bischen mehr weiß, als seine Mitarbeiter, zieht kaum Nutzen aus dem Gruppenwissen, sondern baut weitere Akzeptanzbarrieren auf.

Stufen der Gruppenentwicklung

Bei der Einführung von Gruppenarbeit in Produktionsabläufen ist erstmal mit Widerstand und Skepsis zu rechnen. Die Gruppe muss sich als Gemeinschaft erkennen, in die jeder etwas gibt, damit er im Gegenzug etwas bekommen kann. Zu Beginn der Gruppenarbeit wird sich das im Wesentlichen auf die Planung von Anwesenheit und Arbeitszeit sowie die Koordination von Aufgaben beschränken. Da diese Fragen die Interessen der Mitarbeiter direkt beeinflussen, sind sie aus der Natur der Sache heraus konfliktär. Es wird ausgehandelt, wer wann welche Aufgaben übernimmt und wann Urlaub oder freie Tage genommen werden können. Dabei ist die Energie der Gruppe auf sich selbst gerichtet, da neue Spielregeln der Kooperation und Koordination entstehen müssen. (5)

Wenn die grundlegenden Gruppenregeln aufgestellt sind, richtet sich Aufmerksamkeit der Gruppe nach außen, zunächst auf die unmittelbare Arbeitsumgebung. Oft tritt hier das Thema "Ordnung und Sauberkeit" auf. Prozessbegleiter behaupten, dass man den Reifegrad einer Gruppe am optischen Erscheinungsbild der Arbeitsplätze erkennen kann.

Für sie sieht man am äußeren Bild die innere Befindlichkeit der Gruppe, ihre Einstellung zur Arbeit und zu ihrer Umgebung. Die Wahrnehmung der Gruppe hat sich geändert, sie befasst sich bewusst mit ihrem eigenen Arbeitsverhalten und mit dem Bild das sie nach außen abgibt. In dieser Phase des Gruppenprozesses ist es wichtig, auch kleine, unwichtige Vorschläge für Verbesserungen aufzugreifen und umzusetzen. (5)

Der eher symbolische Wert des Umsetzens von kleinen Vorschlägen gibt der Gruppe die Sicherheit, dass ihren Erfahrungen und ihrem Wissen vertraut, und dass die Gruppe ernst genommen wird. Durch diese Sicherheit entstehen weiter gehende Verbesserungsvorschläge oder zumindest werden nicht optimale Abläufe angesprochen und können so in Verbesserungen umgeleitet werden. (5)

Die höchste Entwicklungsstufe hat eine Gruppe erreicht, wenn sie sich selbst zum Thema macht. Wenn eine Gruppe in der Lage ist, durch selbst aufgestellte Spielregeln über das Umgehen miteinander Konflikte zwischen Mitarbeitern oder Beziehungsprobleme zu lösen, kann man wirklich von einer autonomen und selbstverantwortlichen Gruppe ausgehen. (5)

Dieser Prozess braucht vor allem Zeit. Wer

Gruppenarbeit einführt darf nicht erwarten, dass alles innerhalb von wenigen Wochen reibungslos läuft. Die Erfahrung in verschiedensten Industriebetrieben hat gezeigt, dass es ca. 2 Jahre dauert, bis Gruppen den erwünschten Autonomie-Status erreicht haben. Dieser Zeitfaktor ist natürlich sehr von den einzelnen Gruppen und den Arbeitsbedingungen abhängig und kann daher extrem variieren.

Fallbeispiele

Die Automobilbranche war - durch die in den 90er Jahren positiven Erfahrungen in Japan - vor einigen Jahren der Vorreiter bei der Einführung von Gruppenarbeit in der Produktion. Auch heute noch wird in der Branche experimentiert und es werden neue Wege ausprobiert.

Das oben beschriebene Modell des Teamkoordinators wurde bei Volkswagen beobachtet. Das neueste Volkswagenprojekt, 5000 x 5000, geht noch einen Schritt weiter: es werden 5000 Personen gesucht, die von Arbeitslosigkeit bedroht oder arbeitslos sind. Über ein ausgefeiltes Bewerbungsverfahren per Internet-Fragebogen werden sie als Mitarbeiter ausgewählt, die dann in Teams ab Oktober 2002 den neuen Mini-Van von VW produzieren sollen. Bezahlt werden alle gleich - es gibt 2556 Euro (5000 DM) pro Monat, gearbeitet wird so lange, bis das Produktionsziel von 1000 Mini-Vans pro Tag erreicht ist. Ob die Arbeiter dazu 35 oder weniger Wochenstunden brauchen oder Zusatzschichten oder Überstunden fahren müssen, ist ihre Sache - bezahlt wird immer das Gleiche.

Bei Audi sterben die "normalen" Fließbandjobs ebenfalls aus. Auch hier wird Gruppenarbeit praktiziert, von den Mitarbeitern lebenslanges Lernen gefordert. Das zeigt sich auch in der Tatsache, dass heute von den 13700 Audi-Beschäftigten in Neckarsulm 68 % eine Facharbeiterausbildung haben. 1996 betrug der Anteil nur 58 %, Tendenz steigend. Die Bezahlung der Audi-Arbeiter basiert auf einer Quali-Matrix, die zeigt, wie schnell, präzise und souverän Kernaufgaben beherrscht werden, ob Verbesserungsvorschläge gemacht wurden, ob der Mitarbeiter andere unterweisen kann und ähnliches. Ein jährliches Qualifizierungsgespräch ist tarifvertraglich mit jedem Mitarbeiter vorgeschrieben. (10)

Bei Opel wurde das Verbesserungsvorschlagswesen seit der Einführung von Gruppenarbeit 1994 weiterentwickelt - es wird nicht mehr zentral verwaltet, sondern Prüfung und Bewertung von Vorschlägen wird von dem Unternehmensbereich vorgenommen, aus dem die Idee stammt. Das Prinzip zahlt sich aus: zum 13. Mal in Folge hat Opel beim Jahreswettbewerb 2001 des Deutschen Instituts für Betriebswirtschaft den Sieg beim Betrieblichen Vorschlagswesen errungen. 72791 Verbesserungsvorschläge wurden bei Opel im Jahr 2001 eingereicht, Verbesserungen im Wert von über 75 Millionen Euro realisiert.

In einer Studie unter deutschen Maschinenbauunternehmen wurde festgestellt, dass (teil-) autonome Gruppenarbeit in der Produktion in Kombination mit flexiblen Arbeitszeiten zu einer rund 3 prozentigen Verbesserung der Ertragssituation eines Unternehmens führt. (4)

Das Orpheus Chamber Orchestra wurde dadurch bekannt, dass es ohne Dirigent arbeitet und feiert trotzdem seit 30 Jahren grosse Erfolge. Es arbeitet mit wechselnden Führern, selbstverwalteten Arbeitsgruppen und dem Prinzip der Konsensfindung. Dieses Prinzip hat in der Wirtschaft großes Interesse geweckt und wurde z. B. beim US-Ventilhersteller Struman Industries übernommen. (11)

Bei der Flender Service GmbH, Herne, wurde vor 3 Jahren mit der Einführung von Gruppenarbeit begonnen. Auf der Basis der bestehenden Teamstrukturen wurde ein kontinuierlicher Verbesserungsprozess (KVP) in Gang gesetzt. Obwohl der Prozess erst auf Skepsis stieß, wurden zügig Veränderungen vorgenommen, die von vielen Mitarbeitern getragen und insgesamt als positiv bewertet werden. KVP-Ziele wurden in die Zielvereinbarungen zwischen Gruppen und Führungskräften mit aufgenommen. (9)

Der britische Ableger des Werkzeugherstellers Hilti hat alle 427 Mitarbeiter an einen Gung-Ho-Workshop teilnehmen lassen, um sie an die Grundlagen des Teamworks heranzuführen. Das Ergebnis: die Organisation ist offener für Verbesserungsvorschläge und die Mitarbeiterfluktuation sank von 25 auf 12 %. (12)

Weiterführende Literatur

(1) Metallgesellschaft ist zum Streik bereit
aus Frankfurter Allgemeine Zeitung, 09.03.2002, Nr. 58, S. 84

(2) Teamwork entpuppt sich als Karriere-Killer Die Praxis zeigt: Gewertet wird immer nur die Leistung, die jeder Einzelne erbringt
aus FTD Financial Times Deutschland vom 15.03.2002, Seite 37

(3) Du und das Team
aus brand eins, Heft 1/2002, S. 36-42

(4) "High Performance Work Practices" und betriebliche Mitbestimmung: Komplementär oder substitutiv?
aus Industrielle Beziehungen (ISSN 0943-2779). 9. Jg., Heft 1, 2002, S. 79-102

(5) Struktur und Dynamik organisatorischen Erfahrungswissens. Dargestellt am Beispiel der Einführung von Gruppenarbeit in einer Automobilmontage
aus Zeitschrift für Personalforschung (ISSN 0179-6437). 16. Jg., Heft 1, 2002, S. 5-38

(6) Der Betriebsrat als Ressource bei der Einführung von Gruppenarbeit
aus Industrielle Beziehungen (ISSN 0943-2779). 9. Jg., Heft 1, 2002, S. 55-78

(7) Komplexes Projektmanagement - Eine Synthese aus klassischem Projektmanagement und Organisationsentwicklung
aus Projektmanagement, Heft 1/2002, S. 25-31

(8) Projekt als Job wird schnell zum Flop Projects seen as just another job can easily fail
aus Kraftfutter Nr. 01 vom 03.01.2002 Seite 033

(9) Gemeinsam auf Kurs Arbeitsorganisation. Teamwork gilt als effizient. Doch nicht jede Gruppe

von Mitarbeitern arbeitet optimal. Häufig fehlen klare Vorgaben und eine Streitkultur.
aus Capital vom 28.05.2003, Seite 100

(10) Lebenslang bei Audi lernen VW-Tochter stellt in der Produktion keine unausgebildeten Leute mehr ein / Kollegen stacheln Ehrgeiz an
aus Frankfurter Rundschau v. 30.03.2002, S.11

(11) Manner, Melanie, Orchester ohne Dirigent gibt Tipps, WirtschaftsBlatt vom 16.03.2002, Nr. 1583 S. E3
aus Frankfurter Rundschau v. 30.03.2002, S.11

(12) Arbeiten wie Eichhörnchen, Biber und Gans Das Management-Konzept "Gung Ho" hilft motivieren
aus FTD Financial Times Deutschland vom 11.01.2002, Seite 29

Impressum

Gruppenarbeit in der Kritik

Bibliografische Information der deutschen Nationalbibliothek

Die Deutsche Nationalbibliothek verzeichnet diese Publikation in der deutschen Nationalbibliografie; detaillierte bibliografische Daten sind im Internet über http://dnb.d-nb.de abrufbar.

ISBN: 978-3-7379-1016-3

© 2015 GBI-Genios Deutsche Wirtschaftsdatenbank GmbH, Freischützstraße 96, 81927 München, www.genios.de

Alle Rechte vorbehalten. Dieses Werk ist einschließlich aller seiner Teile – z.B. Texte, Tabellen und Grafiken - urheberrechtlich geschützt. Jede Verwertung außerhalb der Grenzen des Urheberrechtsgesetzes bedarf der vorherigen Zustimmung des Verlags. Dies gilt insbesondere auch für auszugsweise Nachdrucke, fotomechanische Vervielfältigungen (Fotokopie/Mikroskopie), Übersetzungen, Auswertungen durch Datenbanken oder ähnliche Einrichtungen und die Einspeicherung und Verarbeitung in elektronischen Systemen.